AF338310

SOCIÉTÉ D'AGRICULTURE DE CONSTANTINE

RAPPORT

FAIT AU NOM DE LA COMMISSION

CHARGÉE D'EXAMINER LE PROJET DE LOI

SUR

L'IMPOT FONCIER

EN ALGÉRIE.

CONSTANTINE

IMPRIMERIE DE L. MARLE, RUE D'AUMALE, 2

—

1875

RAPPORT

fait au nom de la Commission (*) chargée d'examiner

le projet de loi sur l'Impôt foncier en Algérie

Nous avons pris possession d'Alger en 1830. Pendant les premières années, l'incertitude sur le mode d'occupation et les guerres continuelles empêchèrent l'immigration et, par suite, le développement de l'Algérie. Ne pouvant assurer la sécurité des Européens, songeant à une occupation restreinte, le Gouvernement ne pouvait attirer une population qu'il eût fallu protéger. La force des choses nous contraignit à prendre l'héritage des Turcs et à continuer, sinon leurs traditions, du moins à accepter la domination sur un pays appelé à un grand avenir.

Vers 1840, l'hésitation cesse ; l'occupation restreinte est abandonnée, la colonisation commence, mais timidement ; quelques concessions rurales sont accordées, les villes rebâties. L'ordonnance du 1er octobre 1844

(*) Cette Commission est composée de MM. Mercier Stanislas, *Président* ; Joly de Brésillon, Villa et Fawtier, *membres* ; Fontaneau, *Rapporteur* ; Marin, *Secrétaire*.

réglemente la propriété, celles des 21 juillet 1845, 5 juin-1er septembre 1847, régissent les concessions des terres domaniales.

Enfin, la soumission d'Abd-el-Kader amène la pacification du pays, et la conquête de la Kabylie termine, dix ans après, l'œuvre commencée par le Gouvernement de la Restauration. De rares insurrections, dont il ne nous appartient pas de rechercher les causes, gênent, mais n'empêchent pas l'occupation effective du pays.

Depuis la conquête d'Alger jusqu'en 1848, l'Algérie ne fait pas partie du territoire français ; elle est régie par des ordonnances, aussi tout est-il incertitude. Le Gouvernement de la République proclame son émancipation ; et tout en la soumettant à des lois particulières que l'Assemblée nationale n'eut pas le temps de faire, la Constitution du 4 novembre 1848 déclare qu'en changeant de continent et de climat, l'émigrant ne change pas de nationalité. (Art. 109).

Pendant la période républicaine, la colonisation s'affirme, des colonies agricoles sont fondées, la possession du sol est définitive, le Français conserve ses droits politiques en débarquant en Algérie, où l'immigrant retrouve les institutions de la Mère-Patrie.

La loi du 16 juin 1851 est promulguée, le droit naturel de propriété est définitivement inscrit dans le droit positif et ne peut plus recevoir aucune atteinte en vertu de décrets ou d'ordonnances (1).

Le décret du 26 avril 1851, relatif aux concessions, permet enfin de disposer des terres sous certaines conditions résolutoires, améliore la législation an-

---

(1) Voir Ménerville, vol. 3, p. 126, (Arrêts du Conseil d'Etat des 28 février 1866 et 28 mai 1868), et les observations de M. Belbeuf, commissaire du Gouvernement. (Recueil par Lebon, 1866, p. 171, et 1868, p. 582).

cienne, et reconnaît le colon propriétaire des terres qui lui sont concédées.

Mais au 2 décembre, un temps d'arrêt se manifeste, la liberté politique disparaît, et malgré la Constitution de 1848 et celle du 14 janvier 1852, l'Algérie est de nouveau soumise au régime des décrets.

La politique de l'Empire est hostile à la colonisation, qui continue à se développer malgré les obstacles qu'on lui suscite et les entraves apportées à l'émigration. (Rapport de M. Heurtier, en 1854, au nom du Comité d'émigration, cité par M. Paul Leroy Beaulieu : « De la Colonisation chez les peuples modernes, p. 295. »).

La population européenne, qui atteignait le chiffre de 11,221 en 1835, s'accroît malgré la guerre et atteint en 1845 celui de 95,531 ; l'Administration était favorable à la colonisation. La population s'élève à 131,283 habitants en 1851, atteint le chiffre de 217,990 en 1866 et celui de 245,117 en 1872. Plus de la moitié des Européens sont français; l'excédant des naissances de 1859 à 1866 est de 14,080 individus.

L'agriculture progresse avec la population. De 1854 à 1866 le nombre des terres ensemencées s'est augmenté de 952,433 hectares. L'Algérie fournissait à la France, en 1851, pour 14,000,000 de céréales, elle en fournit, en 1864, pour 29,000,000, et environ pour 88,000,000 en 1873.

Pendant que l'immigration se développait, le commerce suivait également une progression ascendante. L'Algérie, pendant les vingt premières années, était soumise à un régime prohibitif et assimilée à l'étranger. Sous la République, la loi du 11 janvier 1851, due aux efforts des députés algériens, lève les entraves apportées au commerce, et celle du 22 juillet 1867, rendue sous l'Empire, établit complètement l'assimilation douanière entre l'Algérie et la France. La valeur des marchandises importées et exportées passe de 82,955,165 fr. en 1850, à 244,526,147 fr. en 1864, à 272,910,851 fr. en 1869 et à 458,955,566 en 1873.

La navigation suit la même progression : en 1851, 10,643 navires, jaugeant 591,294 tonneaux, entrent ou sortent de nos ports ; le chiffre s'élève, en 1866, à 11,943 navires jaugeant 1,891,700 tonneaux.

L'Algérie n'a rien à envier aux colonies anglaises, dont aucune n'a atteint un si haut degré de prospérité dans un laps de temps aussi court et n'a eu à vaincre autant d'obstacles (1).

Cet exposé rapide et forcément incomplet des vicissitudes par lesquelles a passé l'Algérie, était nécessaire pour faire connaître l'origine de la question qui nous préoccupe, celle de l'impôt foncier (2).

Nous avons vu les différentes phases par lesquelles a passé la colonisation et nous savons que les lois les plus importantes correspondent aux périodes pendant lesquelles nous jouissions des droits politiques de la Métropole. Sous l'Empire, le pays ne cessait de les réclamer, et M. Rouher répondait : « Le colon, qui de-« mande le droit d'élection et d'éligibilité aux conseils « généraux, ne paie *absolument* aucun centime pour « la formation des budgets des recettes provinciales, « dont il veut opérer la distribution. » Et il ajoutait :

(1) Rapport de M. le baron Charles Dupin, sur le projet de loi relatif à la convention Frémy et Talabot. (Sénat, 7 juillet 1865).

(2) Nous avons passé sous silence les décrets des 25 juillet 1860 et 31 décembre 1864 sur l'aliénation des terres domaniales ; ils n'établissent ni le système Wakefield, ni le système des ventes à prix fixe comme aux États-Unis, ni la concession comme elle se pratiquait autrefois ; mais un système hybride, et le sénatus-consulte du 22 avril 1863, incomplètement exécuté.

« N'y a-t-il pas une condition préalable à cette pré-
« tention? Cette condition est l'impôt. » *(Bureaux
arabes et Colons,* par MM. Jules Duval et Dr Warnier,
page 63.) (1).

Les ressources du budget départemental provien-
nent effectivement en grande partie de l'octroi de
mer, payé par les colons, et de l'impôt arabe; mais
la plupart des impôts payés en France grèvent l'Algérie. L'impôt foncier seul fait exception; il en est de
même pour quelques-uns de ceux perçus par l'administration des Contributions indirectes, qui ne sont
pas perçus dans la Colonie et ne le seront pas de
longtemps encore, car les frais de perception en ab-
sorberaient le produit.

La modération de ceux établis sur la transmission
de la propriété s'explique facilement. C'est un principe élémentaire d'économie politique que, surtout,
dans un pays neuf où la propriété doit changer fré-
quemment de mains, l'impôt ne doit pas entraver les
mutations.

Quelques publicistes demandaient, dès 1863, l'établissement de l'impôt foncier, il fallait vaincre la ré-
sistance du gouvernement impérial qui nous refusait
tous droits politiques. Mais est-il donc nécessaire
d'apporter des subsides au budget pour jouir des
droits politiques? Qui oserait soutenir, par exemple,
que les Hautes-Alpes et la Corse n'ont pas le droit
d'élire des conseillers municipaux, des conseillers
généraux ou des députés, parce que le produit des
impôts ne couvre pas les dépenses? La Corse ne jouit-
elle pas de franchises en matière d'impôts depuis plus
de trois quarts de siècle?

Aussi, ne nous arrêterons-nous pas à la question

(1) Voir le Rapport du maréchal Niel, du 19 décembre 1868. (Ménerville, III, page 78.)

politique, nous considérerons seulement l'impôt foncier au point de vue économique.

Nous ne chercherons pas à définir l'impôt ; nous savons, et cela nous suffit, qu'il est la quote-part à payer par chaque habitant d'un pays pour la dépense des services publics ; qu'il est une charge pour le public et un prélèvement opéré sur la fortune ou le travail de chaque citoyen (de Parieu) ; mais nous retiendrons avec A. Smith et Sismondi que les sujets de chaque État doivent contribuer aux dépenses publiques à proportion du revenu dont ils jouissent ; que tout impôt doit porter sur le revenu et non sur le capital, et que l'impôt ne doit jamais mettre en fuite la richesse qu'il frappe.

L'établissement de l'impôt foncier en Algérie aura l'effet d'une expropriation subie par les détenteurs actuels des immeubles, et nous aurons à nous demander s'il y a convenance à l'établir. Nous répondons affirmativement. Il doit être établi dans les territoires cadastrés, c'est-à-dire dans ceux occupés par les Européens ; mais les indigènes qui les habitent devront aussi en subir les effets. Il ne doit pas y avoir deux législations régissant le même territoire, et nous dirons avec M. Leroy Beaulieu (ouvrage déjà cité), qui paraît cependant préférer les taxes indirectes : « On peut établir l'impôt foncier dans les colonies, mais avec réserve, car si cet impôt est exagéré ou si sa base n'est pas aussi parfaite que possible, il en résultera un temps d'arrêt dans les défrichements. » Il est perçu aux États-Unis sous forme de taxes locales et a produit de bons effets. Mais nous devons demander qu'il soit perçu au profit de l'Algérie seulement, c'est-à-dire sous forme de centimes additionnels, d'après un principal fictif, comme le demandent le Gouverneur général et les conseils électifs, au profit des

départements et des communes. Grâce à cette atténuation, l'agriculture algérienne sera peu chargée ;
nous pourrons entreprendre cependant les grands
travaux d'utilité publique, tels que les routes, chemins de fer, barrages, dont elle a besoin.

Pour justifier notre demande, nous dirons qu'en
Algérie l'impôt foncier est une charge nouvelle qui
pèsera sur la propriété, tandis qu'en France il remplaçait divers impôts très-lourds, et qu'il est très-
difficile dans un pays neuf d'établir la rente sur laquelle il doit être assis. La terre étant généralement
exploitée par le propriétaire, qui seul doit payer
l'impôt, il est facile de confondre la rente avec le
bénéfice de l'exploitation. Le revenu net n'existe pas
encore, tous les produits devant être consacrés à des
améliorations destinées à établir une rente constante.
Pour cela, il est nécessaire qu'un certain laps de
temps s'écoule avant la perception de l'impôt par
l'État, et c'est de toute justice. La loi du 3 frimaire,
an vii (Code de l'impôt foncier), démontre la vérité
de notre assertion.

En France, l'impôt foncier a été établi par la loi
du 23 novembre-1er décembre 1790, remplacée par
celle du 3 frimaire, an vii. Celle-ci a subi quelques
modifications par des lois postérieures, mais elle est
toujours en vigueur. Toutes les terres sont soumises
à l'impôt, dont le minimum est de 10 centimes par
hectare. Celles du Domaine ont une évaluation fictive, mais elles ne paient d'impôt qu'autant qu'elles
sont productives d'un revenu. Les terres vaines et
vagues mises en culture n'auront leur revenu cadastral augmenté qu'après un certain nombre d'années ;
il en est de même pour les terres de culture plantées
d'arbres fruitiers et d'essences forestières. Ces dispositions devant profiter presque exclusivement aux

futurs occupants du sol domanial concessible, une inégalité devra se produire nécessairement au détriment des colons actuels. Mais il paraît certain également que les détenteurs actuels et ceux à venir ne doivent pas attendre du temps seul une augmentation de valeur, et les charges qui pèseront alors sur la propriété leur feront un devoir, nous dirons même une nécessité, de la mettre en produit ou de la vendre.

L'impôt foncier, celui des portes et fenêtres, la contribution mobilière, sont des impôts de répartition. Les non-valeurs, s'il en existe, sont couvertes par des centimes additionnels, et les dégrèvements qui viennent en atténuation des sommes réparties, sont reportés à l'année suivante. Leur produit est donc certain, et l'on peut entreprendre des travaux publics avec certitude de pouvoir les payer.

Si nous nous reportons au rapport de M. Peltreau-Villeneuve, déposé à l'Assemblée nationale, le 3 août 1874, art. 2, nous voyons qu'il fait de l'impôt foncier un impôt de quotité, et cherche à justifier cette proposition en demandant comment il est possible d'asseoir un impôt de répartition dans un pays où il n'y a jamais eu d'impôt. Il donne encore une autre raison : « C'est que dans un pays de formation et de « transformation, où chaque jour apporte des modi- « fications dans la richesse territoriale, soit dans les « campagnes, soit dans les villes, il importe que ces « modifications, ces changements, ces améliorations « ne soient pas effectués pour venir à la décharge « des imposables, mais qu'ils profitent à l'État, c'est « bien juste ; car, n'est-ce pas l'État qui, par ses « sacrifices de tous les jours, provoque le développe- « ment des progrès en Algérie, en faisant des conces- « sions considérables des biens du Domaine, en « construisant des chemins, des routes, des chemins

« de fer, en établissant des barrages d'irrigation, en
« faisant exécuter des travaux de construction dans
« les ports, et en créant des centres de population. »

Cette théorie d'un autre âge, quoique exposée devant une Assemblée française, n'a pas besoin d'être réfutée. Le projet de loi distribué au Conseil d'État en a fait justice. Les sacrifices faits pour l'Algérie ne sont-ils pas compensés par les débouchés créés à la Métropole, pour laquelle elle est un marché considérable; elle occupe déjà le troisième rang dans la statistique du commerce général.

L'État est-il donc une abstraction ? A-t-il un intérêt distinct de celui des citoyens ? L'État ou la généralité de ceux qui le composent ne fait-il pas en France des routes, des chemins de fer, des canaux, des ports, etc. ? A-t-il besoin d'un impôt de quotité dont le produit variable n'est jamais certain ? N'en est-il pas de même des départements et des communes, et cependant depuis le 3 frimaire, an VII, l'impôt foncier est un impôt de répartition. Quel intérêt l'individu a-t-il à améliorer ses terres, s'il voit tarir la source de ses revenus, si le bénéfice de son travail doit revenir à l'État ? La variabilité des valeurs permettrait-elle toujours d'atteindre l'égalité de l'impôt?

Nous avons en Algérie un exemple analogue d'impôt de quotité, qui est supprimé par le projet de loi; c'est la taxe locative perçue au profit des communes, qui a dû produire en 1874, dans la province de Constantine, 247,565 fr. 80 c. Tout le monde connaît l'inégalité de sa répartition et la difficulté du recouvrement.

Ainsi donc, nous acceptons l'impôt foncier dans son principe ; mais nous demandons qu'il soit établi avec modération. L'Algérie se développe, elle produit, et produira plus encore, l'immigration devenant plus nombreuse. Si le Français y retrouve la liberté, il

paiera les impôts et supportera les charges qui grèvent
la propriété, si attrayante pour l'homme qui travaille.
Mais il ne faut pas que ses charges soient trop lourdes,
et lui faisant alors regretter d'avoir quitté son village,
lui donnent la tentation d'apporter son travail et son
industrie dans des pays inconnus. Si l'émigration est
une cause d'affaiblissement pour les nations, quand
elle est pratiquée sur une trop large échelle, elle
augmente la richesse de ceux où elle va. Aussi,
devons-nous attirer en Algérie les nationaux que le
besoin ou le désir de s'enrichir éloignent de leurs
foyers.

Les lois françaises seront donc appliquées, mais avec
les modifications que nous avons indiquées. Le principal de l'impôt restant fictif pendant plusieurs années
encore, tous les habitants d'un même territoire devront
y être soumis, Indigènes et Européens, car leur intérêt est le même.

Les charges qui doivent peser sur la propriété
seront fixées par les assemblées électives; les Conseils
généraux et municipaux ne failliront pas à leur
devoir.

Le fonds commun n'existe plus en France, il est aussi
supprimé en Algérie. Est-il utile de le rétablir? Nous
ne le pensons pas. Nous ne comprenons même pas qu'il
soit possible d'établir en Algérie des mesures déjà
condamnées pour la Métropole.

L'Algérie comprend qu'elle doit supporter une partie
des charges qui incombent à la France ; mais cette der-
nière comprendra également que les dépenses qu'elle
a faites jusqu'à ce jour ne sont pas perdues ; que les
charges à imposer ne doivent pas empêcher le développement d'un pays dont la prospérité agricole et
commerciale compensera la perte, que nous sentons
tous, des provinces annexées à l'empire d'Allemagne.

IMPOTS ARABES.

En arrivant en Algérie, nous avons continué la tra-
dition indigène, en percevant les impôts établis, soit
d'après la loi religieuse, soit d'après les coutumes.
C'était un attribut de la souveraineté, il eût été impo-
litique d'en changer l'assiette au début de la conquête,
les indigènes y étaient habitués. En outre, nous ne
connaissions pas la force contributive du pays. Ce système d'impôts a donné lieu à de nombreuses critiques
que nous ne reproduirons pas. Il est entré dans les
mœurs des indigènes et doit être conservé dans son
principe, mais non dans sa forme, jusqu'au moment
où il pourra être supprimé et remplacé avantageuse-
ment par l'impôt foncier, c'est-à-dire jusqu'à la constitution de la propriété individuelle en pays arabe.

L'exemption temporaire d'impôts se justifie parfai-
tement pour les Européens récemment arrivés dans le
pays et résulte de l'économie de la loi du 3 frimaire,
an VII ; mais il n'en est pas de même pour les
indigènes, dont les propriétés ont atteint leur maximum de valeur dans l'état actuel de l'industrie
agricole, et chez lesquels il est facile aujourd'hui,
du moins en pays *melk* (où la propriété est pos-
sédée individuellement), d'atteindre la rente sans
porter atteinte au capital et au bénéfice de l'exploitation. En outre, ne profitent-ils pas autant
que les Européens des travaux publics qui sont effectués dans le but de favoriser la prospérité du pays au
point de vue agricole et commercial ? Ne se servent-ils
pas des routes pour le transport de leurs produits,
des rivières et des canaux pour l'irrigation de leurs
propriétés ? N'ont-ils pas bénéficié des hauts prix at-
teints dans ces dernières années par les céréales et les
bestiaux ?

Ces impôts (1) sont : l'*achour* (ou dîme sur les récol-
tes), qui ne diffère de l'impôt foncier que par le mode
de paiement, qui se fait aujourd'hui en argent par suite
de conversions, et dont il ne serait pas difficile de re-
trouver l'origine dans la loi mosaïque. Il se perçoit
sur tout le territoire de la province de Constantine,
excepté dans une petite partie des centres de Takitount et de Djidjeli, dans les cercles de Bougie, d'Akbou
et dans la région sud.

Le *zekkat* (impôt sur les bestiaux), qui existe paral-
lèlement à l'*achour* et dans les mêmes territoires, quelques tribus du sud, qui n'ont pas *d'achour* parce qu'elles
ne cultivent pas, sont cependant imposées au *zekkat*.

Le *hockor*, qui, dans certains territoires, est une taxe
additionnelle à l'*achour*. Il est perçu, à titre de rede-
vance, sur toutes les terres sur lesquelles, conformé-
ment à la loi musulmane, le souverain avait un droit
de propriété. Les terres *arch* (c'est-à-dire possédées
collectivement) sont imposées au *hockor ;* il existe
même sur les terres de la Petite-Kabylie (Collo, La
Calle, par exemple) que le sénatus-consulte du 22 avril
1863 a déclarées *melk*. Il n'y a d'exception qu'en faveur
des propriétés des Européens et de quelques domaines
appartenant aux indigènes en vertu de titres reconnus,
soit antérieurs, soit postérieurs à la conquête.

La *lezma* se perçoit en Kabylie (partie des cercles
de Takitount et de Djidjeli, cercles de Bougie et d'Akbou). Là, c'est un impôt de capitation qui est essen-
tiellement variable. Dans certaines tribus, elle est fixée
à tant par chef de famille et la même pour tous, riches
ou pauvres, vieux ou jeunes ; dans d'autres, il est formé
des classes, suivant la richesse des contribuables (ces
classes étant au nombre de quatre ou cinq et la *lezma*
étant la même pour tous les individus d'une même ca-
tégorie) ; dans d'autres enfin, il est fait autant de caté-

(1) Voir Ménerville, I, page 357.

gories que d'individus et la taxe varie entre 2 fr. et 150 fr. Partout le soin de la répartition est laissé aux *djemaâ* (commissions municipales des communes indigènes). Dans les tribus du sud, la *lezma* est une taxe par palmier. En général cependant il existe pour quelques tribus une *lezma* fixe et unique. La taxe par palmier est quelquefois de 2 fr. 90 c., quelquefois de 50, 40, 30, 25 centimes par arbre, quelquefois enfin elle existe pour les mêmes agglomérations concurremment avec le *zekkat*.

En tout ceci, nous avons hérité des coutumes des Turcs et nous les avons conservées avec une sollicitude que nous n'avons malheureusement pas pour nos meilleures institutions.

Le produit de ces divers impôts s'est élevé, en 1874, à 6,649,340 fr. 12 c. y compris les centimes additionnels (1).

(1)	PERÇU dans les communes de plein exercice.	PERÇU dans les circonscriptions cantonales.	PERÇU dans les cercles.
Hockor.....	9.882 07	420.667 66	754.799 07
Achour.....	289.290 75	654.137 07	992.496 19
Zekkat.....	227.824 39	617.435 38	1.638.375 59
Lezma	» »	» »	1.044.431 95
	526.997 21	1.692.240 11	4.430.102 80

N.-B. — Les centimes additionnels sont au nombre de :

2 dans les communes de plein exercice ;
20 dans les circonscriptions cantonales :
27 sur la *lezma*, seulement des cercles de Bougie et de l'extrême sud, et 20 sur les *hockor*, *achour* et *zekkat* des cercles.

Les impôts arabes sont établis par arrêtés ministé-
riels, en vertu des articles 1 et 3 de l'ordonnance du
17 janvier 1845, et peuvent être grevés de centimes
additionnels établis par arrêtés du Gouverneur général
(arrêté ministériel du 30 juillet 1855). Le pouvoir lé-
gislatif n'intervenant pas, ils échappent à tout contrôle
et leur établissement est nécessairement arbitraire. On
ne connaît pas exactement la force contributive du pays
arabe, et il est généralement admis que les impôts
étaient beaucoup plus élevés du temps des Turcs.

L'impôt arabe est actuellement un impôt de quotité,
son application ne permet donc pas de compter sur un
produit à peu près invariable. Il doit devenir un impôt
de répartition. Pour cela il est nécessaire qu'il soit fixe
pendant un certain nombre d'années et qu'il ne subisse
aucune modification pendant cinq ans par exemple.
On prendrait pour en fixer le chiffre une moyenne des
cinq dernières années, dont on retrancherait la plus
forte et la plus faible, et l'on diviserait le reste par *trois*,
ce qui donnerait le chiffre d'une année moyenne qui
servirait à asseoir l'impôt pendant la période de tran-
sition (1). Le chiffre serait invariable, la quotité seule
éprouverait une fluctuation et tendrait à diminuer par
suite de la prospérité agricole.

L'impôt foncier, avons-nous dit, pousse au défriche-
ment ou mise en produit. L'indigène trouvera une
prime dans le mode de fixation de l'impôt proposé ;
s'il est soumis aux intempéries des saisons, l'Européen
n'y échappe pas non plus, et l'industrie seule de ce
dernier lui permet de résister.

La Société d'agriculture ne s'intéresse pas moins au

---

(1) Quotité de l'impôt pour 1874, par tête de bétail : chameau, 4 fr.;
bœuf, 3 fr.; mouton, 0 fr. 20 c.; chèvre, 0 fr. 25 c. — *Achour*, par charrue *(djebda)*, 25 fr. — *Hockor*, par charrue, 20 fr. — Centimes additionnels, 18.

succès de la culture indigène qu'à celle de l'Européen ; aussi, doit-elle demander qu'un bon système d'impôt soit établi. L'impôt de répartition nous paraît être le seul convenable.

L'impôt de répartition n'est pas, du reste, une nouveauté pour les indigènes, quelques impôts se payaient sous cette forme du temps des Turcs, et la répartition en était faite par les *djemaâ*, mais sans contrôle (1).

L'Arabe comprendra facilement, et son intérêt le guidera, que le mode d'imposition que nous indiquons lui permettra d'accroître ses troupeaux et d'augmenter ses cultures sans avoir à craindre des charges nouvelles. La fraude qui s'exerce aujourd'hui pour se soustraire à l'impôt deviendra plus difficile.

L'impôt sera voté par l'Assemblée nationale et réparti par département, comme pour l'impôt foncier, d'après le chiffre adopté précédemment. Le Conseil général, où l'élément indigène est représenté, en fera ensuite la répartition par commune de plein exercice, commune mixte ou commune indigène (2), et les Conseils municipaux ou les Commissions municipales, assistés d'un contrôleur des Contributions directes, fixeront à chacun le chiffre qu'il doit payer. Les réclamations seront instruites et jugées comme en matière de contributions directes.

Les centimes additionnels, dont le maximum sera

(1) Notamment les Dheifet-el-Bey, les Gheramat-Seïf et les Gheramat-el-Cheta. (Henri Federman, interprète de l'armée, et baron Aucapitaine, ancien chef de bureau arabe.)

(2) Il existe en Algérie des communes de plein exercice administrées comme en France, où l'élément européen domine ; des communes mixtes où les Européens sont en petit nombre, et des communes indigènes où il n'y a pas d'éléments européens. Toutes ces communes ont leur budget propre et bénéficieront des centimes additionnels. Quelques communes de plein exercice ne sont pas entièrement cadastrées, et, par suite, auront l'impôt foncier et l'impôt arabe pendant quelque temps encore.

fixé par la loi de Finances, seront à la disposition des départements et des communes.

Par ce moyen on arriverait à une assez grande exactitude, le produit serait à peu près invariable et nous connaîtrions enfin les ressources du pays indigène.

On nous objectera qu'il n'est pas possible d'établir un impôt quand on ne connaît pas la force contributive du pays. Nous répondrons avec Foucart (Éléments de droit administratif) : Au moment de la loi du 3 frimaire, an VII, on n'avait pas de données certaines sur le revenu foncier, on dut se contenter de renseignements erronés; aussi, des dégrèvements successifs furent-ils accordés à trente-cinq départements par la loi du 17 juillet 1819 et à cinquante-deux autres par celle du 31 juillet 1821. L'égalité est l'œuvre du temps, si la force contributive était dépassée, des dégrèvements successifs pourraient être accordés aussi aux indigènes.

Les mêmes raisons qui nous ont décidé à proposer d'autoriser les Conseils généraux et municipaux à voter des centimes additionnels à l'impôt foncier, nous permettent de leur accorder les mêmes droits en ce qui concerne l'impôt arabe.

En France, l'établissement des impôts et terres doit être voté et contrôlé par les représentants du pays, aucune exception ne doit être faite en Algérie.

Telles sont les raisons qui nous ont appelé à adopter l'impôt foncier qu'on nous propose et à demander des modifications à l'assiette de l'impôt arabe. L'agriculteur européen, détenteur actuel, en souffrira certainement; mais les travaux publics qui seront la conséquence d'un budget bien assis et invariable, lui permettront de réparer facilement la perte qu'il va éprouver.

Aux députés de l'Algérie à défendre nos intérêts.

Si nous acceptons l'impôt foncier, nous devons demander en même temps qu'aucune aggravation d'impôts ne vienne frapper, pendant quelques années encore, la propriété immobilière en Algérie. Les droits de mutation l'atteignent particulièrement. Le revenu, comme nous l'avons dit plus haut, n'existe pas, l'impôt atteindrait le capital. Nous répéterons donc, avec Sismondi : « *L'Impôt ne doit jamais mettre en fuite la richesse qu'il frappe.* »

www.ingramcontent.com/pod-product-compliance
Lightning Source LLC
Chambersburg PA
CBHW061718050726
47598CB00004B/1909